CONFÉRENCE

DE

M. Boudenoot

DÉPUTÉ

donnée à l'occasion du Centenaire

DE LA

BATAILLE DE VALMY

ET DE LA

Proclamation de la République

1892

Montreuil-sur-Mer. — Imprimerie Arthur BECQUART.

CONFÉRENCE

DE M. BOUDENOOT, Député

DONNÉE A L'OCCASION DU CENTENAIRE

DE LA

BATAILLE DE VALMY

ET DE LA

PROCLAMATION DE LA RÉPUBLIQUE

———

Après avoir félicité les organisateurs de la réunion et remercié tous les assistants, particulièrement les dames, de s'être rendus en si grand nombre à la Conférence, M. BOUDENOOT s'exprime ainsi :

Ah ! Messieurs ! combien nous avons raison de fêter cette date mémorable, ce jour où la France nouvelle sortit des formes du passé pour entrer dans la République et consacrer dans un gouvernement populaire les conquêtes de la Révolution ! Oui, mes chers concitoyens, les journées des 20, 21 et 22 septembre 1792 sont bien une époque héroïque et sacrée ! C'est, en effet, de ces jours que date, d'une part, l'abolition de la royauté, c'est-à-dire de la dernière et suprême institution de l'ancien régime ; et, d'autre part, la naissance de la République française, son glorieux baptême sur les champs de bataille, son entrée triomphante sur la scène de l'Europe et du monde.

Voilà, messieurs, les souvenirs que nous fêtons aujourd'hui et dont je vais vous entretenir un instant ; car nous ne pouvons mieux célébrer les grandes choses qu'en les racontant et en prenant auprès d'elles de fortes et salutaires leçons de patriotisme et de civisme héroïques.

Arrêtons d'abord nos regards sur la situation de la République de 1792 vis-à-vis de l'étranger. Le 20 septembre, l'invasion allemande se heurte au plateau de Valmy occupé par Kellerman et Dumouriez à la tête de nos jeunes volontaires. Les Prussiens commandés par Brunswick et les Autrichiens commandés par Clerfayt pensaient qu'au premier coup de canon ils verraient fuir cette troupe de « vagabonds, de tailleurs et de savetiers » comme les appelaient les émigrés. Mais notre jeune armée resta brave et immobile sous le feu ; et quand, pour l'entamer, le vieux Brunswick ordonna la charge, elle ne tira même pas sur l'ennemi. Elle l'attendit tranquillement pour le recevoir à la baïonnette ; et, au même moment, les chefs et les soldats poussèrent un grand cri qui remplit toute la vallée et qui fit trembler la terre.... C'était le cri de « Vive la nation » poussé par 30,000 poitrines à la fois.

« Une sécurité visible, dit Michelet, régnait dans les lignes françaises. » Sur toute l'armée planait quelque chose comme une lueur héroïque, où le roi de Prusse ne comprit rien sinon qu'il fallait déguerpir, renoncer à l'espoir si insolemment annoncé de rétablir en France l'autorité royale et l'ancien régime, et s'en retourner au plus vite en Prusse, ce qui fut fait.

Mais si le roi de Prusse n'y comprit rien, le grand Gœthe comprit, lui. Cet homme illustre, qui fut à la fois le plus grand poëte et un des plus profonds penseurs de l'Allemagne, dit le soir à ses compagnons d'armes : « De ce lieu et de ce jour date une nouvelle époque dans l'histoire du monde et vous pourrez dire : J'y étais. »

La joyeuse armée qui fit ainsi reculer les vétérans de Frédéric II et de Marie-Thérèse, c'était déjà l'armée de la République.

Fondée le 20 septembre à Valmy par la victoire, la République fut, le 21, décrétée à Paris, au sein de la Convention et proclamée le 22 dans toute la France.

Quel fut, Messieurs, à l'étranger, le contre-coup de ce glorieux avènement de la République. Je renonce à le dépeindre dignement moi-même, et je préfère ici laisser parler à ma place le grand historien de la Révolution, celui dont je viens de citer le nom, celui à qui Béranger, le populaire et patriotique chansonnier, écrivait après avoir lu son ouvrage : « Pour moi, votre histoire est livre saint ». Ecoutez-le donc un moment.

« La Convention avait dressé, le 21 septembre, au pavillon des Tuileries, le drapeau de la République. Deux mois n'étaient pas écoulés, et tous les peuples environnants l'avaient embrassé, ce drapeau, planté sur les tours de leurs villes.

» Les 24 et 29 septembre, Chambéry, Nice ouvrent leurs portes, la porte de l'Italie. Mayence, le 24 octobre, reçoit nos armées, aux applaudissements de l'Allemagne. Le 14 novembre, le drapeau tricolore est arboré sur Bruxelles ; l'Angleterre et la Hollande le voient avec terreur flotter à la tour d'Anvers. En deux mois, la Révolution avait, tout autour, inondé ses rivages ; elle montait, comme le Nil, salutaire et féconde, parmi les bénédictions des hommes.

» Le plus merveilleux, dans cette conquête admirable, c'est que ce ne fut pas une conquête. Ce ne fut rien autre chose qu'un mutuel élan de fraternité. Deux frères longtemps séparés, se retrouvent, s'embrassent, voilà cette grande et simple histoire. Belle victoire ! l'unique ! et qui ne s'est revue jamais ! Il n'y avait pas de vaincus.

» La France ne donna qu'un coup, et la chaîne fut brisée. Elle frappa ce coup à Jemmapes, où, six semaines après Valmy, les Autrichiens furent mis en déroute. Elle le frappa avec l'autorité de la foi, en chantant son hymne sacré. Les soldats barbares frémirent dans leurs redoutes, sous trois étages de feux, lorsqu'ils virent venir un chœur de 50,000 hommes qui marchaient à eux en chantant : « Allons, enfants de la Patrie !... »

» Tous les peuples répétèrent : « Allons, enfants de la France !... » et se jetèrent dans nos bras. C'était un spectacle étrange ! Nos chants faisaient tomber toutes les murailles des villes. Les Français arrivaient aux portes avec le drapeau tricolore ; ils les trouvaient ouvertes et ne pouvaient pas passer ; tout le monde venait à la rencontre et les reconnaissait, sans les avoir jamais vus ; les hommes les embrassaient, les femmes les bénissaient, les enfants les désarmaient... On leur arrachait le drapeau, et tous disaient : « C'est le nôtre ! »

Racontons quelqu'une de ces conquêtes ; et d'abord celle des portes de l'Italie, de ce comté de Nice, pris, repris jadis, arrosé de tant de sang. Voyons ce qu'il nous coûta alors :

Le roi de Sardaigne avait fait des préparatifs formidables : une grande armée, une nombreuse artillerie, deux cents canons : les Français en avaient quatre. Il avait de vieilles troupes ; et nous, des gardes nationales. La Convention ordonne cependant d'aller à l'ennemi : c'était, ce semble, ordonner l'impossible : l'impossible se fait, sans coup férir. La grosse armée recule, Nice se livre ; les forteresses s'ouvrent. Quinze dragons prennent Villefranche, y trouvent cent pièces de canon, 5000 fusils, des munitions immenses, deux vaisseaux armés dans le port.

» La Savoie coûta moins encore, elle dut sa délivrance à son violent amour pour la cocarde française. Les émigrés, nombreux à Chambéry, insolents, querelleurs, avaient arraché la cocarde tricolore à un négociant. Les Savoyards, par représailles, attachèrent la cocarde royaliste à la queue des chiens. Ce fut le commencement de leur révolution. Elle fut unanime, sans contradiction d'un seul homme. Le général français, Montesquiou, n'eut pas à combattre les Piémontais qui, devant l'attitude du pays, s'en allèrent d'euxmêmes. Sans attendre son armée, qui suivait lentement, il partit au galop pour Chambéry. Tout seul de sa personne, il conquit le pays, entra triomphalement dans cette ville, parmi les cris d'un peuple ivre de joie. Les commissaires de la Convention, qui bientôt le joignirent, furent saisis d'étonnement, profondément émus, en découvrant une France inconnue, une vieille France naïve qui, dans la langue de Henri IV, bégayait la Révolution.

» Dès que cet excellent peuple apprit que ses libérateurs arrivaient, il n'y eut plus moyen de le retenir. Tout entier, il vint à la rencontre. Ce fut comme un soulèvement universel de la contrée ; les hommes seuls partirent, mais les arbres et les pierres, toute la terre de Savoie eût voulu se mettre en chemin. Une foule immense descendit de toutes les montagnes vers Chambéry, d'un élan spontané, d'un même transport de joie et de reconnaissance. Ces pauvres gens cruellement étouffés par le Piémont, avaient depuis longtemps coutume d'aller chercher leur vie en France. Et cette fois, c'était la France qui venait les voir, s'asseoir à leur foyer : elle venait à eux les mains pleines des dons de Dieu, les apportant tous en un seul, le trésor de la liberté. Sauvés par elle du Pharaon barbare, ils entonnèrent, comme Israël, un cantique de délivrance. 60,000 Savoyards à la fois, d'accord avec l'armée française, chantèrent la *Marseillaise* dans une inexprimable dévotion. Et quand ces braves gens arrivèrent au passage : Liberté chérie ! il se fit un grand bruit, comme d'une avalanche : une avalanche d'hommes par devant les Alpes ! Touchant spectacle ! tout ce peuple était tombé à genoux ; il achevait ainsi le cantique, et la terre était inondée de pleurs. »

Tel est, Messieurs, le grand évènement que sous le nom de « Réunion de la Savoie à la France » nos compatriotes de cette contrée ont célébré il y a trois semaines dans des fêtes solennelles que le Président de la République a justement tenu à honorer de sa présence. Mais si nous quittons le Midi pour venir dans l'Est, où nous voyons aujourd'hui se hérisser les pointes ennemies des casques prussiens, qu'y trouvons-nous en 1792 ? La même facilité, le même élan vers la France.

Notre général, Custine, avait ordre d'agir sur la Moselle. Les Allemands eux-mêmes vinrent le chercher et le menèrent sur le Rhin. Maître de Spire, dont il força les portes, il fut appelé à Worms ; un professeur de cette ville écrivit, au nom de Custine, au nom de la France, l'appel de l'Allemagne à la liberté. Puis ces ardents patriotes lui promirent Mayence, la clef du Rhin. Il hésitait, craignant d'être coupé, recula vers Landau. Ils ne lâchèrent pas prise, vinrent le rechercher, le menèrent de gré ou de force, lui firent faire malgré lui cette conquête qui le couvrait de gloire. On fut bien étonné d'apprendre qu'une place aussi forte que Mayence se fût rendue, avec toute une armée pour garnison, une artillerie immense ramassée de toute l'Allemagne. Mais l'Allemagne se livrait. Des hommes de Nassau, des Deux-Ponts, de Saarbruck étaient à la barre de la Convention et demandaient leur union à la France.

Après le Sud et l'Est, passons dans le Nord. Là, le général autrichien, Albert de Saxe, s'était mis dans la tête d'enlever Lille avec 25,000 hommes. Si ce n'était pas assez pour la prendre d'assaut, une telle armée suffisait du moins pour la brûler. « 12 mortiers, 24 grosses pièces tirèrent pendant huit jours à boulets rouges, et de préférence sur les quartiers peuplés et pauvres, sur les petites maisons où les familles s'entassaient dans les caves. L'ennemi pensait que les habitants ne supporteraient pas un bombardement de quelques heures. Mais sa barbarie ne servit qu'à montrer la France à l'Europe sous un jour tout nouveau. On parlait souvent de la furie française, comme d'un élan qui cède à l'obstacle, se rebute, etc. Il fallut bien changer d'opinion. La France parut là, comme à Valmy, indomptablement résistante. Et ici ce n'étaient pas, comme à Valmy, des hommes ; c'étaient aussi des femmes et des enfants. Il n'est sorte d'outrages, de risées qu'on ne fît aux boulets. On les ramassait dans des casseroles, on les éteignait ; puis avec on jouait à la boule ; on les coiffait du bonnet rouge ; un perruquier s'établit sur la place où tombait la grêle de fer ; il avait pris pour plat un éclat de bombe et chacun s'y faisait raser. » Après une semaine, l'Autrichien s'en alla, honteux et dépité.

Voilà, Messieurs, la belle histoire que nos voisins du Nord vont célébrer à Lille dans quinze jours, les 7, 8 et 9 octobre, en des fêtes qui promettent d'être splendides et que je vous engage à aller voir.

« Grande était donc la gloire de la France, après cette résistance héroïque, cette fuite misérable de deux armées ennemies. Mais combien ces trophées de la guerre et de la victoire étaient moins glorieux encore que les députations des peuples qui demandaient d'être Français ! La France était deux fois victorieuse : elle avait, pour vaincre, bien plus que la force : l'amour. Une main lui suffisait pour briser l'épée des tyrans : de l'autre, elle embrassait les peuples délivrés et les serrait contre son sein. Quel ne fut pas son embarras, a ce moment ? Elle avait dit qu'elle ne voulait pas de conquêtes et en faisait malgré elle. Ces peuples disaient tous qu'il ne leur suffisait pas d'être libres, ils avaient l'ambition d'être Français. La Convention avait une étrange cour ; ses entours étaient assiégés d'hommes de diverses nations qui venaient intriguer, solliciter.... Pourquoi ? Pour devenir français, pour épouser la France. Se perdre en elle, n'être plus en eux-mêmes, c'était leur aveugle désir. Jamais on ne vit une telle impatience de suicide national ; leur passé leur pesait ; leur *moi* de servitude ; ils brûlaient de l'anéantir et de ne vivre qu'en cette France aimée, où ils ne voyaient plus une nation, mais une idée sacrée, la liberté, la vie et l'avenir.

« La France résistait. — Prenez garde, disait-elle, défiez-vous de ce premier transport.... Savez-vous bien ce que c'est que de me suivre dans les grandes choses qui me sont imposées ? Vous donnerez le sang à flots, l'argent... L'impôt sera doublé ou quadruplé. — Mais ils ne voulaient rien entendre, assurant que la suppression des dîmes, des corvées, des droits féodaux et de toute espèce de taxes barbares, leur créait des ressources immenses, inépuisables, qu'en donnant tout ils ne regrettaient rien ; qu'ils n'avaient rien eu jusqu'ici, pas même leurs personnes ; qu'ils ne rendraient à la liberté, à la France, que ce qu'ils tenaient de la liberté....

C'est ainsi que le drapeau de la France devenait celui du genre humain, celui de la délivrance universelle. Sous lui, l'Escaut, fermé depuis deux siècles, coulait enfin libre à la mer. Le Rhin, captif sous ses cent forteresses, reprenait espérance en voyant dans son sein les trois saintes couleurs que Mayence mirait sous ses eaux. La Savoie les avait placées à la cime du Mont-Blanc ; l'Europe, émue d'amour et de terreur, les voyait briller sur sa tête, dans le ciel et le soleil. Le monde des pauvres et des esclaves, le peuple de ceux qui pleurent, tressaillaient à ce grand signe : ils y lisaient distinctement ce que lut jadis Constantin : « *Par ce signe, tu vaincras.* »

Voilà, mes amis, le tableau que la France de 1792 présentait au monde. Victorieuse, elle n'avait nulle idée de conquête. Le caractère de la Révolution était, à cette époque, profondément pacifique et bienveillant. Tout ce qu'elle demandait aux nations délivrées, c'était d'aimer la France en sœur, et les nations répondaient à sa pensée.

Comment hélas ! tout cela fut-il changé ? Comment, dès l'année suivante, la Révolution fut-elle poussée hors de sa nature, de ses origines, obligée de faire, pour ne pas périr, contre les rois conjurés, ces efforts violents et terribles qui ont constitué le Régime de la Terreur au dedans, la conquête brutale au dehors ?

Il faudrait trop de temps pour vous l'expliquer, et pour vous montrer : comment *l'adoration* de la *force* s'est substituée à *l'amour du Droit*, que la Révolution, en

89, avait proclamé le *Souverain du monde ;* comment la liberté a péri, victime de ses propres excès ; comment sur ses ruines s'est élevée la dictature d'un soldat de génie ; comment ce grand homme de guerre, ne songeant qu'à la bataille et à la conquête, a promené par toute l'Europe les armées invincibles que lui avaient léguées la République et a créé ainsi dans le monde la légende d'une France batailleuse et querelleuse, aspirant à la domination universelle, légende fatale qui, depuis 1810, a causé tous nos malheurs, remplacé, par la haine et la défiance, la confiance et l'amour que les nations, malgré leurs rois, témoignaient à la France de 92.

N'entrons donc pas dans cette longue histoire : arrêtons notre pensée sur l'automne de 1792, sur l'époque où souffle, tout neuf encore, l'esprit de la Révolution. Pénétrons-nous de cette âme toute puissante, de cet esprit de Liberté et de Paix, de Droit et de Justice. C'est par lui que notre République prévaudra. Que dis-je ? c'est par lui qu'elle a déjà prévalu Oui, Messieurs, c'est parce que la République Française a repris sa vraie tradition et est essentiellement pacifique qu'elle a reconquis, dans ces dernières années, la place que lui avaient fait perdre momentanément nos désastres de 1870.

En vain, les empereurs et roi d'Allemagne, Autriche et Italie ont-ils formé une triple alliance dirigée contre nous. L'attitude de la République a déjoué leurs calculs ; et, reconnaissant sa force, un grand peuple et son souverain ont, par-dessus l'Europe centrale, tendu la main à la France. L'entente de ces deux nations, France et Russie, suffit à maintenir l'équilibre de l'Europe et la paix du monde.

Mais, je m'aperçois que je retiens depuis longtemps déjà votre attention et que je ne vous ai parlé encore que de l'aspect extérieur de la République de 1792. Il me faut donc abréger ce que j'ai à vous dire de la France à l'intérieur, pour vous montrer qu'à ce point de vue également, la date du 21 Septembre 92 mérite d'être fêtée.

C'est alors, en effet, que, pour rendre définitives et durables la chute de l'ancien Régime et les conquêtes de la Révolution, la Convention abolit la Royauté et décréta la République.

Les grandes Assemblées, qui, de 89 à 92, précédèrent la Convention, la Législative et la Constituante avaient bien formulé en lois toute la sagesse du siècle de Montesquieu, de Voltaire et de Rousseau. Réalisant la plupart des réformes que le peuple avait réclamées dans les cahiers de 89, l'Assemblée Nationale avait, au fond, donné à la France une Constitution républicaine.

Mais, par une contradiction qui peut sembler étrange et qu'explique pourtant fort bien l'histoire détaillée de ces jours troublés, elle avait conservé le Roi, c'est à dire la clef de voûte du système ancien, le défenseur né des corps privilégiés, Clergé et Noblesse, le soutien de tous les abus que la Révolution avait reçu la mission de détruire.

En proclamant la République, la Convention enlevait tout espoir à ceux qui croyaient encore trouver dans le Roi un moyen de revenir à l'Ancien Régime. Elle indiquait fortement qu'elle voulait, coûte que coûte, rompre pour jamais avec le Passé et orienter la France vers l'Avenir.

Certes, ce ne fut pas sans convulsions sanglantes que nos pères se sont débarrassés du régime qui pesait sur eux depuis plusieurs siècles. Mais tout en regrettant les excès qui furent alors commis, excès inséparables hélas ! de crises aussi aiguës et aussi profondes, nous tous, mes chers concitoyens, qui sommes du peuple, et, comme dit Michelet, nous, gens de la foule qui naquîmes alors 20 millions d'hommes et qui ne serions jamais nés sans notre Révolution, nous tous, sans exception, nous ne pouvons que glorifier les bienfaits immenses et les impérissables progrès qu'elle a répandus sur la France et sur l'humanité. Et, avec M. Thiers, l'illustre fondateur de notre troisième République, qu'on ne saurait accuser d'être un homme de désordre et de violence, nous pouvons en conscience nous écrier que nous serons *toujours*, *toujours*, du parti de la Révolution.

Car enfin, avant la Révolution qu'était la société française ? Une hiérarchie de trois ordres ou plutôt de trois nations, dont deux jouissaient de tous les droits et privilèges et dont le troisième, comprenant les 96 centièmes des habitants de ce pays, étaient soumis à des institutions presque toutes arbitraires et injustes et quelques-unes vraiment odieuses. Pas de liberté individuelle, pas de liberté de conscience, des codes barbares, des procédures criminelles, qui elles-mêmes étaient des crimes ; des impôts écrasants, mais plus encore, iniques, pesant sur le peuple seul, tandis que le Clergé et la Noblesse en étaient exempts ; une inégalité criante dans la condition des provinces et dans la condition des personnes, des servitudes sans nombre dans l'industrie ; des entraves continuelles dans le commerce ; la propriété violée et sans garanties dans les campagnes ; voilà la France d'avant 89.

Il n'est pas étonnant qu'avec un pareil régime, qui durait depuis si longtemps, la France du dernier siècle soit arrivée à un état de misère et de souffrances tel que les voyageurs étrangers qui vinrent alors

visiter notre pays en restèrent épouvantés et stupé-
faits. « Ils apprennent ici, dit l'un deux, ce que
« l'homme peut endurer sans mourir, ce que person-
« ne, ni Anglais, ni Hollandais, ni Allemand, n'au-
« rait supporté »

Mais, Messieurs, pour éviter tout reproche d'exagé-
ration, c'est par ses maîtres mêmes, rois, princes, mi-
nistres, prélats, magistrats, intendants, c'est en puisant dans leurs propres écrits et en citant leurs paro-
les mêmes que je vais vous faire savoir les extrémités
où le peuple était parvenu.

« Le chœur lugubre où ils semblent venir tous l'un
après l'autre raconter la mort de la France, s'ouvre
par Colbert en 1681, 108 ans avant la Révolution. « On
« ne peut plus aller, dit-il, » et il meurt. On va pourtant
car on chasse un demi-million d'hommes indus-
trieux vers 1785, par cette mesure barbare que les
Jésuites firent prendre à Louis XIV et qui s'appelle
la Révocation de l'Edit de Nantes. On en tue encore
plus dans une guerre de trente années. Mais combien, grand Dieu ! il en meurt davantage de misère !

Dès 1698, le résultat est visible. Les intendants eux-
mêmes, qui font le mal, le révèlent, le déplorent. Ils
déclarent que tel pays a perdu le quart de ses habi-
tats, tel le tiers, tel la moitié.

En 1707, un magistrat, Boisguillebert en arrive à
regretter même l'époque déplorable de 1698 ; « alors,
dit-il, il y avait encore de l'huile dans la lampe, aujourd'hui tout a pris fin faute de matière. »

Le précepteur du petit fils de Louis XIV, l'archevê-
que de Cambrai, l'illustre Fénélon, n'est pas moins
précis. « Les peuples écrit-il, ne vivent plus en hom-
« mes ; il n'est plus permis de compter sur leur pa-
« tience. La vieille machine se brisera au premier

« choc... On n'oserait envisager le *bout* de ses forces,
« auquel on touche. »

Louis XIV meurt enfin ; on remercie Dieu ! Voici heureusement le régent, ce bon duc d'Orléans, qui, en pleine paix, accroît encore les dépenses par ses prodigalités, paye ses dettes en papier et trouvant la France éreintée par Louis XIV, et n'étant plus qu'une plaie, y applique pour remède une banqueroute de 3 milliards.

« Si j'étais sujet, disait-il, je me révolterais à coup sûr ». Et comme on lui disait qu'une émeute allait avoir lieu, il répond : « Le peuple a raison, il est bien bon de tant souffrir. »

En 1739, sous Louis XV, on présente au roi le pain que mangeait le peuple, du pain de fougère. L'évêque de Clermont lui dit que dans son diocèse les hommes broutaient avec les moutons.

Et la terre va produisant de moins en moins.

« Dès Louis XIV, les aides pèsent déjà tellement qu'à Mantes, Etampes et ailleurs on arrache toutes les vignes. Le paysan n'ayant pas de meubles à saisir, le fisc n'a nul objet de saisie que le bétail : il extermine peu à peu. Plus d'engrais. La terre ne peut plus réparer ses forces : comme le bétail a fini, elle semble finir elle-même.

Non seulement la terre produit moins, mais on cultive moins de terre. Elle ne vaut plus la peine, dans bien des lieux, d'être cultivée : ou bien la culture, sans secours, sans bestiaux, devient sauvage. Les hommes s'attellent à la charrue, et les femmes et les enfants.

A mesure qu'on avance vers 1789, la nature accorde moins. Comme la bête trop fatiguée qui ne veut plus avancer, qui aime mieux se coucher et mourir, elle attend et ne produit plus. La liberté n'est pas seulement la vie de l'homme, c'est celle de la nature.»

Après ce tableau, emprunté à l'Introduction de l'Histoire de la Révolution, en voici un autre que nous fournit *M. Taine*, membre de l'Académie française, dans ses origines de la France contemporaine :

« Dans plusieurs provinces les campagnes souffraient encore de l'ancienne servitude. Dans la Champagne, la Marche, le Bourbonnais, le Nivernais, la Bourgogne, la Franche-Comté, on trouvait encore des serfs. Ce ne fut qu'en 1778 que Louis XVI prononça l'abolition de ce qui restait du servage dans ses domaines. Le chapitre de Saint-Claude, en Franche-Comté, avait plus de 12.000 serfs et, si l'on s'en rapporte aux assertions de *Clerget*, curé d'Ornans, plus de un million 500,000 paysans étaient encore soumis à la servitude.

Serfs ou libres, les paysans vivaient dans un état de misère que tous les témoignages nous dépeignent comme affreux.

St-Simon, d'Argenson, Massillon, et beaucoup d'autres écrivains dignes de foi, et que la Noblesse et le Clergé ne peuvent récuser, car ils en sont ; ces marquis, ducs et évêques tracent de la misère des campagnes des tableaux qu'il serait trop long de reproduire, et qui démontrent combien la majorité des habitants de France pâtissait et combien était faux le décor brillant des châteaux et des salons.

La correspondance des intendants, les doléances des assemblées provinciales font toutes entendre la même note. Dans tel village de Normandie « presque tous les habitants, sans excepter les fermiers et les propriétaires, mangent du pain d'orge et boivent de l'eau, vivent comme les plus malheureux des hommes afin de subvenir au paiement des impôts dont ils sont surchargés. » Dans la même province, à For-

ges, « bien des malheureux mangent du pain d'avoine et d'autres du son mouillé, ce qui a causé la mort
de plusieurs enfants ».

En 1733, dans toute la plaine du Toulousain, les
paysans ne mangent que du maïs, de la mixture, de
menus grains, très-peu de blé ; pendant la moitié de
l'année, ceux des montagnes vivent de châtaignes ;
la pomme de terre est à peine connue ; et selon Arthur Young, sur 100 paysans, 99 refuseraient d'en
manger.

D'après les rapports des intendants, le fond de la
nourriture en Normandie est l'avoine ; dans l'élection
de Troyes, le sarrasin et les châtaignes ; de même
dans la Marche et le Limousin ; en Auvergne, le sarrasin, les châtaignes, le lait caillé et un peu de chè-
vre salée ; en Beauce, un mélange d'orge et de seigle;
en Berry, un mélange d'orge et d'avoine. Point de
viande de boucherie : tout au plus, le paysan tue un
porc par an. Sa maison est en pisé, couverte de chau-
me, sans fenêtres, et la terre battue en est le plancher.
Même quand le terrain fournit de bons matériaux,
pierres, ardoises et tuiles, les fenêtres n'ont point de
vitres. Dans une paroisse de Normandie, en 1769 « la
plupart sont bâties sur quatre fourches ». Souvent ce
sont des étables ou des granges où l'on a élevé une
cheminée avec quatre gaules et de la boue. Pour vête-
ments des haillons, et souvent, en hiver, des haillons
de toile. Dans le Quercy et ailleurs, point de bas, ni
de souliers, ni de sabots.

Je crois en avoir dit assez pour montrer que, bien dé-
cidément, à la fin du XVIIIe siècle, « on ne pouvait plus
aller ». Il fallut donc convoquer les Etats Généraux
et appeler la nation à l'exercice de ses droits.

Quel réveil ce fut que celui de tout un peuple qui,
d'une fois, passait du néant à l'être, qui jusque-là

silencieux prenait tout d'un coup une voix.

Et cette voix fut la même d'un bout de la France à l'autre.

Il y parut à *l'uniformité* des cahiers où tous furent appelés à consigner leurs plaintes et leurs vœux, accord imprévu, imposant, qui donna à l'opinion publique une irrésistible force, et qui fut réalisé du Nord au Midi et de l'Est à l'Ouest, dans les plus humbles villages aussi bien que dans les villes, sans qu'on se fût entendu d'avance.

C'est que depuis si longtemps ces plaintes et ces vœux étaient dans les cœurs!. « Il n'en coûta guère d'écrire. Tel cahier, qui comprenait presque un code, fut commencé à minuit et terminé à 3 heures. »

Un mouvement si vaste, si varié, si peu préparé et néanmoins unanime ! c'est un phénomène admirable. Tous y prirent part et tous voulurent la même chose. Quoi ! La liberté, l'égalité, et une constitution basée sur ces deux principes, tant nos pères avaient le sentiment qu'une fois la liberté conquise le reste viendrait forcément.

Mais il ne me suffit pas de vous dire ces choses ; je veux vous les montrer par des exemples pris dans notre pays même et je vais m'aider pour cela d'un volume publié il y deux ans à Boulogne et qui a pour titre : « Cahiers de remontrances et de doléances des « Tiers-Ordres rédigés dans les Assemblées du Bou- « lonnais en 1789 ».

J'espérais y trouver les cahiers du Canton de Fruges : mais il paraît que notre canton se rattachait à l'Artois proprement dit, ou plutôt même à la Picardie, et je n'ai pu m'en procurer les vœux. Seulement vous me croirez sans peine si je vous dis qu'il y a un siècle, aussi bien qu'aujourd'hui, les habitants des cantons de Fruges et d'Hucqueliers avaient les mêmes besoins et les mêmes aspirations. Or, ce volume contient les *plaintes* et *remontrances* de toutes les communes du canton d'Hucqueliers, sauf 2, avec la signature des électeurs. La lecture de quelques-uns de ces noms va d'abord vous montrer que ces électeurs n'étaient autres que les grand'pères et les arrière grand'pères de gens que vous connaissez pour la plupart.

Voici, en effet, les noms que je retrouve le plus souvent dans le volume, aux pages réservées au canton d'Hucqueliers :

Widehen, Frammery, Duflos, Dewidehen, Dacquin, Ducrocq, Wallois, Merlin, Vasseur, Demerval, Carpentier, Mouillière, Libersa, Joly, Jollant, Merlier, Mailly, Minet, Morvilliers, Poulain, Dumont, Gaignard Petit, Dubois, Braure, Caron, Duval, Senlecque, Godefroy, Cocatrix, Pruvot, Varlet, Marquant, Gillet, Cappe, Maresville, Picque, Flahaut, Leduc, Longavesne, Haigneré, Cuvillier, Derollez, Coquempot, Pillon, Lefebvre, Ringot, Morel, Martin, Delannoy, Martel, Crépin, Hédoux, Feutry, Eurin, Cousin, Danel, Fournier.

N'est-ce pas là les noms de la plupart des Maires, Adjoints et Conseillers Municipaux d'aujourd'hui, de beaucoup de vos parents, de vos amis ?

Eh ! bien, que réclamaient à grands cris tous ces Français ? Vous allez le voir. Certes, je ne voudrais pas vous fatiguer et vous lire les cahiers de toutes les communes, mais laissez-moi du moins vous en citer quelques extraits :

Voici l'article 1er du cahier d'AVESNES :

« Nous nous croyons en droit de réclamer contre « l'injustice qui s'exerce dans la province ; hélas ! pau-« vres malheureux individus que nous sommes, qui « n'avons reçu de la nature que des biens fort médio-« cres ; nous sommes obligés de subir les travaux les

« plus pénibles pour pourvoir à notre subsistance et à
« celle de notre pauvre famille ; nous disons plus,
« c'est nous qui nourrissons les habitants des villes ;
« c'est par nos soins et nos peines que vivent les No-
« bles et les Ecclésiastiques ; de quelle manière ré-
« compense-t-on nos travaux ? Des impôts, des droits
« multipliés, en voilà tous les fruits, tandis que nous
« voyons nos Seigneurs mener, au sein d'une vo-
« luptueuse indolence, le train de vie le plus somp-
« tueux, regarder les pauvres du haut de leur gran-
« deur et paraître, pour ainsi dire, insensibles aux
« évènements fâcheux qui surviennent à leurs vas-
« saux ; ce que nous disons des Nobles peut aussi s'at-
« tribuer aux Ecclésiastiques. »

. . . .

Ainsi égalité de tous devant l'impôt ; plus de privilèges pour les Nobles et pour le Clergé, voilà ce
que réclame Avesnes, et ce vœu se retrouve partout.
Voici un autre vœu émis à Avesnes, (ailleurs aussi,
du reste) qui vise la liberté du commerce à l'intérieur
de la France et l'établissement de *droits de douane* à
la frontière, et non plus entre chaque province :
Article 9. — « Les fermiers généraux font revivre
« depuis quelques années un impôt bien gênant au
« public. Si nous avons un poulain à conduire à une
« foire ou à un marché, dans l'intérieur de la pro-
« vince, il nous faut un permis du Bureau ; si nous
« ne vendons pas, il nous faut un acquit à caution
« pour revenir chez nous, de sorte que si nous voulons
« y retourner le lendemain et autres jours suivants,
« c'est-à-dire autant que la foire dure, on nous obli-
« ge aux mêmes formalités. Ci-devant, l'on se con-
« tentait d'un certificat d'un homme de loi, des curés
« ou syndics. Les fermiers ont rejeté cette conduite
« parce qu'il ne leur en revenait rien ; toutes person-

« nes qui font trafic et commerce de marchandises,
« de quelque espèce que ce soit, éprouvent les mê-
« mes difficultés ; ce serait un grand bien si les Bu-
« reaux étaient reculés aux extrémités du Royaume
« et un grand avantage pour le commerce. »

. . . .

A BEZINGHEM, on traite de l'Assistance Publique
dans les campagnes. Ecoutez :

. . . .

« Remontre ladite paroisse que, conjointement avec
« M. le curé, elle s'assemble de temps en temps pour
« pourvoir aux besoins de ses pauvres, tant dans leurs
« maladies, que dans leurs pertes, et se prive de son
« nécessaire pour les empêcher de mendier ; en quoi
« elle a toujours réussi jusqu'ici. Mais elle se plaint,
« en même temps, qu'étant accablée des mendiants
« des paroisses voisines, qui mendient pour leur vie
« et celle de leurs chiens et bestiaux, elle prévoit avec
« douleur la triste nécessité où elle sera incessamment
« réduite de ne plus pouvoir aider les pauvres, tan-
« dis que MM. les gros Décimateurs jouiront tranquil-
« lement de leurs gros revenus, sans qu'on entende
« jamais parler d'eux pour la moindre aumône, ce
« qui paraît bien odieux dans une année aussi fâ-
« cheuse que celle-ci, où l'on se trouve dépourvu de
« tout par la mauvaise récolte, et où la classe des
« mendians, toujours très fatigante, est devenue très
« inquiétante. »

. . . .

A BOURTHES et ALETTES, on réclame le retour
périodique des Etats Généraux et l'établissement de
Bureaux de bienfaisance. Voici comment on s'exprime
à ce sujet dans la communauté du CATELET :

. . . .

Article 11. — « Solliciteront que l'Ordre du Tiers-
« Etat soit à l'avenir convoqué à un nombre égal aux
« deux autres Etats, ponr avoir voix de délibération
« dans toutes les assemblées qui pourront avoir lieu
« dans la province, soit dans les commissions inter-
« médiaires, soit dans l'administration, et qu'il soit
« nommé dés députés de toute la partie de la province
« qui seront changés tous les trois ans, à l'effet que
« tous et chacun soient instruits de l'emploi des de-
« niers communs et que les comptes soient rendus
« tous les ans et affichés dans toutes les paroisses. »

. . . .

Article 15. — « Une caisse de charité dont les fonds
« soient supportés par tous les particuliers et proprié-
» taires des biens qu'ils jouissent dans la paroisse,
« ce qui empêcherait la mendicité. »

. . . .

A BIMONT, on vise l'égalité dans le service mili-
taire.

« La noblesse, dit-on, défend, il est vrai, l'E at par
« ses armes, mais le peuple seconde ; entre les offi-
« ciers et les soldats, il y a concurrence de valeur et
« de dévoûment à la patrie. »

. . . .

A BECOURT, on réclame contre les abus du droit
de chasse réservé aux seigneurs ; et on demande que
la chasse soit défendue avant l'enlèvement des récoltes.
(C'est ce que nous demandons chaque année au Con-
seil général dans l'intérêt des cultivateurs de la ré-
gion).

. . . .

A BEUSSENT, on était, parait-il, enclin à procéder et l'on trouve la justice trop lente ; on attaque les tribunal et les juges du temps, on demande que « *tout procès finisse dans l'année de son instance* ».

. . . .

A CLENLEU, on déclare que « *nul impôt ne peut être établi sans le consentement des contribuables ou de leurs représentants* ».

. . . .

A ERGNY, c'est la répartition égale des impositions que l'on vise dans l'article suivant :

IMPOSITIONS. — « Si nous avons une demande à faire « à notre très bon Roy, c'est surtout que les ecclé-« siastiques et la noblesse, qui jouissent de revenus « immenses, aident les pauvres paysans à payer en « argent, par un seul et même rolle, tout ce dont il « sera nécessaire pour le rétablissement des Finances « et la prospérité du royaume ».

A ENQUIN, on ne veut pas de bestiaux dans les champs en temps de récoltes.

A HERLY, on réclame l'abolition de la vénalité des charges de judicature, et on fait remarquer que *l'impôt est entièrement supporté par les rôturiers, que le Clergé et la Noblesse en sont exempts.*

Partout d'ailleurs, on demande l'égalité devant le *fisc* et devant la *justice*: on insiste pour que les peines soient établies suivant la nature du « *crime* » et non, comme jusqu'alors, avec des distinctions entre les *coupables.*

A MANINGHEM, on signale que c'est le peuple qui supporte seul les frais de réparation à l'Eglise et au Presbytère ; voici l'article :

. . . .

« Dixièmement. — Dans cette petite paroisse, si peu
« nombreuse, les rôturiers se plaignent au sujet des
« réparations de l'Eglise et Presbytère, qui se font
« fort souvent et tout à leur charge ; le Clergé de-
« mande toutes ces réparations et il n'en paie aucune
« partie, non plus que le Seigneur foncier, de mê-
« me le Seigneur dominant. »

. . . .

A PARENTY, on réclame l'égalité devant la mort (car le Clergé du temps, paraît-il, en prenait à son aise, même dans cette circonstance suprême et dou-leureuse). Voici l'article :

. . . .

18º. — « Ils représenteront que plusieurs curés de
« cette Province refusent d'aller eux-mêmes chercher
« les corps morts pour les enterrer ; ils envoient seu-
« lement leurs Clercs, et demanderont qu'ils soient
« obligés d'aller eux-mêmes chercher lesdits corps-
« morts, de tel âge que ce soit »

A RUMILLY, en est plus hardi encore et, assuré-ment, on n'a pas dû traiter cette commune de cléri-cale. Ecoutez-la :

. . . .

9º. — « Le plus sûr moyen de remédier aux besoins
« de l'Etat serait peut-être la suppression des moines
« et autres,qui jouissent de revenus immenses et sont

« des membres morts pour la Société. » Et, par ces derniers mots, nos aïeux de Rumilly résumaient admirablement ce qui était dans la pensée de tous depuis plusieurs siècles. Le rédacteur de leur cahier se souvenait sans doute de ce qu'avait déjà dit sur ce sujet, 250 ans auparavant, le bon curé de Meudon.

« Si le moine est ainsi refui du monde, disait-il, c'est qu'il ne laboure, comme le paysan ; ne garde le païs comme l'homme de guerre ; ne guérit les malades comme le médecin ; ne prêche ni endoctrine le monde comme le bon docteur évangélique et pédagogue ; ne porte les commodités et choses nécessaires a la République comme le marchand. »

Mais revenons à nos cahiers.

A PREURES, on réclame le curage des rivières ; à *Quilen*, la création, aux frais de la Province, de routes d'intérêt général : on traite, en somme, diverses questions du service vicinal.

A St-MICHEL, on demande *l'unité* de budget dans un article ainsi conçu :

Article 3. — « Sa majesté ayant fait connaître les
« dettes nationales, les habitants de St-Michel chargent
« leurs députés d'autoriser ceux de la Sénéchaussée
« de Boulogne aux Etats-Généraux de s'unir aux au-
« tres du Tiers-Etat, pour discuter avec les Ministres
« l'état actuel des finances, fixer la dette nationale
« après y avoir fait les retranchements que la misère
« des peuples et la justice peuvent autoriser, déter-
« miner des revenus pour l'extinction, de manière que
« les fonds destinés à cet emploi ne puissent être em-
« ployés ni mêlés avec les autres revenus. »

A VERCHOCQ, comme à Maninghem, on demande

que le Clergé et la Noblesse contribuent aux dépenses des Eglises et des Presbytères, ainsi que cela se fait en *Flandre* et en *Hainaut*. (L'article a sans doute été rédigé par un voyageur).

A WICQUINGHEM, on signale ce fait, que le sol est pauvre et la moisson tardive :

« Le sol de ce terroir, dit-on, est peu fertile, très « difficile de culture ; quand il arrive que la moisson « ne se fait pas de bonne heure, le cultivateur perd « une partie de sa récolte par le mauvais temps, ce « qui arrive assez fréquemment »

On en conclut qu'il faut l'exempter des charges odieuses dont l'accablent le Clergé et la Noblesse.

A ZOTEUX, « la Communauté demande que les impositions soient payées dans un seul et même rôle pour tous « les sujets de sa Majesté, qu'ils soient Ecclésiastiques, Nobles ou Rôturiers. »

Je m'arrête dans ces citations ; j'en ai fait assez pour que vous soyez convaincus que nos pères, en 1789, ont touché à toutes les questions qui s'imposent à l'examen d'une Société Démocratique : ils n'en ont résolu que quelques-unes ; mais ils ont renversé pour jamais les obstacles qui s'opposaient au libre examen des autres, et ils ont laissé à leurs descendants la tâche de les résoudre.

— Quant à eux, voici, résumé en quelques mots, tout ce qu'ils ont fait dans ces trois mémorables années qui s'espacent de 89 à 92 ? Tous les privilèges furent anéantis, les abus supprimés, toutes les entraves brisées, grand pas vers la fin de toutes les misères. Les Droits de l'homme et du Citoyen furent proclamés, la Souveraineté Nationale reconnue, la Liberté décrétée, la Fraternité suscitée, l'Egalité introduite dans nos institutions, l'équité mise dans la justice autant que le comporte la nature humaine, l'ordre établi dans les finances ; la loi substituée à l'arbitraire, l'élection au régime de la faveur et de la grâce.

Telle est, Messieurs, l'œuvre féconde qu'en décrétant la République, la Convention voulait consacrer, affermir et développer dans toutes ses conséquences.

Avec quelle joie, quelle reconnaissance et quel enthousiasme furent accueillies par les contemporains ces hardies réformes qui allaient renouveler la face du monde, il me faudrait plus d'un jour pour vous le montrer en détail. Tout à l'heure en vous racontant la façon dont les soldats français étaient reçus en 1792 par les peuples, nos voisins, je vous ai donné une idée de l'effet qu'elles produisirent en Europe.

Le monde entier tressaillit d'allégresse et les nations voulaient se donner à nous ; elles faisaient signe à la France et la priaient de les conquérir ; elles avaient le sentiment qu'ainsi conquises c'est elles qui gagneraient en un jour toute la conquête des siècles que venait de faire la France et que ce serait, pour elles toutes, une grande et bonne journée.

« Cet héritage de raison et de liberté pour lequel » tant d'hommes soupirèrent en vain, cette terre » promise qu'ils auraient voulu entrevoir au prix » de leur vie » tour cela venait d'être conquis par la France qui l'offrait à ses sœurs d'Europe, et celles-ci lui tendaient leurs bras.

Mais, Messieurs, si tel fut l'enthousiasme excité à l'étranger par la venue de la Révolution, combien plus grand encore fut-il en France, dans nos villes et dans nos bourgs et jusque dans le plus humble de nos hameaux !

Ce fut comme une folie héroïque qui s'empara de tous les esprits. Rien ne saurait dépeindre l'élan de fraternité qui embrasa les âmes et la brûlante passion dont s'éprirent les cœurs de nos pères pour la Liberté, pour la Justice, pour la Patrie devenue enfin une et libre.

Et ce ne sont pas seulement les hommes célèbres de cette époque, (ceux dont l'Histoire a retenu les noms) que la Révolusion a transformés en héros et dont nous avons à glorifier le souvenir. C'est le peuple même, les humbles et les petits, les membres de la foule obscure, qui se sont alors sentis soulevés de terre par le souffle de la Révolution et emportés dans un tourbillon d'héroïsme et de vertus, ou civiques ou guerrières.

Quel est le nom de ce soldat qui, blessé au cœur, meurt en tirant le fer de sa blessure et en disant : « Plantez-moi là l'arbre de la liberté. » Combien d'entre vous savent le nom du maire de Rennes, de ce tailleur qui, voyant l'hôtel de ville assailli par l'émeute, descend intrépide au milieu d'une grêle de pierres ; frappé au front, il essuie son sang en souriant et dit aux furieux qui, sous prétexte de famine, voulaient lapider les magistrats : « Je ne puis pas » changer les pierres en pain... Mais si mon sang » peut vous nourrir, il est à vous jusqu'à la dernière » goutte. » — En entendant ce divin langage, tenu par un des siens, le peuple tomba à genoux.

On pourrait citer mille traits de ce genre, tant il est vrai que jamais nation ne fut aussi féconde en héroïsmes et en dévouements que la France de la Révolution. Le sacrifice fut, dans ces jours, véritablement universel, immense et sans bornes ; plusieurs centaines de mille donnèrent leur corps et leur vie, d'autres leur fortune, tous, leurs cœurs, d'un même élan. Pour se faire une idée (une bien faible idée, car est-ce qu'un froid papier peut jamais rendre les brûlants sentiments de l'amour) pour se faire une faible idée de ce que fut le peuple français à l'aurore de la Révolution, il faut lire les récits des fédérations 90 et de 91 rédigés par ceux-là mêmes qui y prirent part.

Il s'en organisa spontanément sur tous les points, sans exception, du territoire de la France, et ce fut partout comme la communion de tout un peuple fraternisant et s'unissant devant Dieu. Non-seulement les hommes, mais les femmes et les enfants, réclament leur place, et, à côté des groupes de vieillards. d'aduites et de jeunes gens, figurent, dans beaucoup de régions, des bataillons d'enfants armés, de femmes armées, de jeunes filles armées.

Celles de Maine-et-Loire font plus. Elles écrivent, elles consignent sur le cahier qu'elles veulent « par-« tir, prendre leur part de la première croisade de la « liberté, nourrir les combattants, soigner les blessés. « Elles jurent de n'épouser jamais que de loyaux « citoyens, de n'aimer que les vaillants, de n'associer « leur vie qu'à ceux qui donneront la leur à la France.»

Ainsi, Messieurs, les strophes enflammées de la « Marseillaise » et du « Chant du Dèpart » que vous pensiez peut-être le produit de l'imagination d'un poète ne sont que la réelle et vivante expression des sentiments que nourrissait la foule. Je m'arrête, espérant que j'ai réussi à vous faire concevoir le prodigieux effet produit sur le monde par l'œuvre de la Révolution à sa naissance.

Comment ensuite, cette œuvre a été amoindrie, en certains côtés détruite, en d'autres dénaturée, par les divers gouvernements qui se sont succédé dans notre pays depuis un siècle, je n'ai pas à le raconter. Mais ce que je puis dire en finissant, c'est que la Révolution Française a posé les vrais principes desquels découlent tous les progrès politiques et sociaux qui font et feront le monde moderne et qu'elle les a admirablement résumés dans sa triple formule : *Liberté, Egalité, Fraternité.*

Aujourd'hui que le peuple français est, on peut le dire, entré définitivement dans la République, parce qu'il a compris que c'est le seul gouvernement qui nous permettra, sans secousses violentes et sans crises nouvelles, de réaliser tous les progrès contenus en germe dans la Révolution de 1789, nous pouvons, avec une confiance sereine, glorifier le centenaire de l'ère Républicaine et pousser, d'un seul cœur, ce cri joyeux et fier :

VIVE A JAMAIS LA RÉPUBLIQUE !

141

9 782012 970397